Pfanni®

# Das Knödelbuch

FALKEN

# Inhalt

# Vorwort

In Norddeutschland nennt man ihn Kloß, im Süden heißt er Knödel – doch um seinen Namen schert sich der runde Klassiker kaum, wenn er dampfend und köstlich unseren Gaumen erfreut. Mit PFANNI ist die Knödelzubereitung seit mehr als 50 Jahren zum Kinderspiel geworden: Aus den praktischen Knödel- und Kloßmischungen lassen sich ohne viel Aufwand vielfältige Leckerbissen herstellen.

Als typische Beilage zu Braten und anderen Festtagsgerichten bekannt, erobert der Knödel nun auch die moderne, leichte Küche. Denn PFANNI Knödel und Klöße können schnell zubereitet werden und entsprechen durch die hohe Qualität der Zutaten den heutigen Ansprüchen aller, die sich und ihre Lieben mit einer gesundheitsbewussten, abwechslungsreichen und leckeren Mahlzeit verwöhnen wollen – auch wenn zum Kochen nur wenig Zeit bleibt.

Was sich aus dem umfangreichen Sortiment der runden Köstlichkeiten alles zaubern lässt, zeigen wir Ihnen in diesem Kochbuch. Neben klassischen Gerichten finden Sie viele neuartige, kreative Rezepte und werden schnell merken: PFANNI Knödel und Klöße schmecken nicht nur rund gut, sondern auch als Kartoffelbrot, Fingerfood für die Party, als Knödelburger oder verführerisches Dessert. Die ausgewählten, vielfach getesteten Rezepte gelingen garantiert – und sind ein himmlischer Genuss.

Guten Appetit!

# Knödel – der traditionsreiche Leckerbissen

Knödel sind die Klassiker der deutschen Küche: Sonntagsbraten oder Weihnachtsgans sind ohne Kartoffelkloß oder Semmelknödel undenkbar. Bereits im Mittelalter waren Knödel beliebt, damals in Form eines Fleischknödels. Als Bindemittel wurden Brotstücke in den Knödelteig gegeben. Nach dem Dreißigjährigen Krieg und in den folgenden zwei Jahrhunderten war Fleisch jedoch eine Luxusspeise, die große

Teile der Bevölkerung nur an hohen Festtagen und selten an Sonntagen aßen. So wurde der Brotanteil im Knödel immer höher, bis zu guter Letzt der reine Brotknödel – der Semmelknödel – übrig blieb.
Als die Kartoffel im 16. Jahrhundert nach Europa kam, entstanden bald verschiedene Rezepte für Kartoffelknödel: Die Kartoffelteige wurden durch weitere Zutaten verfeinert. Für Suppen formte man die kleinsten Klöße, zum Gemüse halbgroße, für Hauptspeisen riesige Knödel bis zum Serviettenknödel. Sie wurden gefüllt, paniert, gebacken, pikant und süß zubereitet, zu Fleisch oder Fisch, zu Obst, als Beilage oder als Hauptspeise serviert.
Die große Anzahl der Rezepte beweist die Bedeutung des Knödels zu allen Zeiten. Und nicht nur bei uns, sondern auch in vielen Küchen Mitteleuropas findet man verwandte Beilagen.
In Italien beispielsweise serviert man kleine Kartoffelklößchen namens Gnocchi – so typisch italienisch wie Pasta. Aus Böhmen stammen längliche Kloßlaibe, die in Servietten gebunden gegart werden. Die nach dieser Zubereitungsart benannten Serviettenknödel werden in Scheiben geschnitten als Beilage gereicht, z. B. zu ungarischem Gulasch.
Erfinderisch ans Werk geht man in Österreich und Südtirol: Hier wird vieles zur Kugel verarbeitet, vom Leberknödel in der Suppe über Käseknödel bis hin zu den süßen Topfen- oder Quarkknödeln.

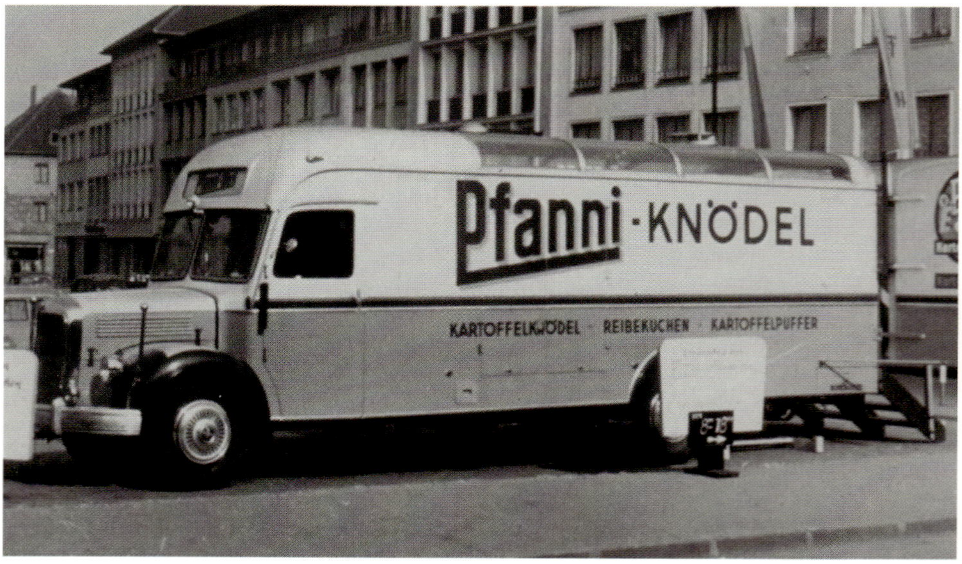

## PFANNI Knödel – eine kleine Revolution in der deutschen Küche

Heute ist der Kartoffelknödel der Deutschen liebster Kloß. Als Firmengründer Werner Eckart 1949 sein erstes PFANNI Produkt auf den Markt brachte, traf er den Nerv der Zeit: Das Kartoffelpulver, aus dem sich sowohl Knödel als auch Kartoffelpuffer herstellen ließen, revolutionierte die deutsche Küche. Schließlich erspart es den Köchinnen und Köchen das aufwendige Reiben der Kartoffeln – und das bei einem gleichermaßen qualitativ und geschmacklich hochwertigen Ergebnis.
In den vergangenen 50 Jahren ist die Marke PFANNI quasi zum Synonym für die runden Klassiker geworden. Kein Wunder, schließlich umfasst die Produktpalette alle Knödel- und Kloßarten, die das Herz begehrt. Und alle Produkte bieten genau das, was die Menschen heute von einem gelungenen Fertigprodukt erwarten: eine schnelle und kinderleichte Zubereitung, die Knödel sicher gelingen lässt, sowie hochwertige Zutaten und köstlichen Geschmack!

## Kontrollierter Anbau – Qualität von Anfang an

Was den Namen PFANNI trägt, ist geprüfte, garantierte Qualität. Deshalb gibt es nicht nur jede Menge Kontrolle für die Knolle, auch die Kartoffelbauern werden überprüft. Bereits in den 60er-Jahren hat PFANNI das System des kontrollierten Vertragsanbaus entwickelt und ist dafür mehrfach ausgezeichnet worden. Danach dürfen die Vertragslandwirte nur anerkanntes, zertifiziertes Pflanzgut einsetzen. PFANNI schreibt für jedes seiner Produkte die gewünschte Kartoffelsorte vor und bestimmt sogar den optimalen Erntezeitpunkt. Monokulturen sind strikt verboten. Frühestens nach drei Jahren darf ein Bauer auf demselben Feld wieder Kartoffeln anbauen. Bodenuntersuchungen geben Aufschluss über den Zustand des Ackers und bilden die Basis für vernünftige Nährstoffzugaben (keine Überdüngung!). Diese strengen Anbaurichtlinien werden durch interne Sachverständige und neutrale Institute sichergestellt.

# Knödelige Vielfalt mit PFANNI

Für Knödelfans ist das PFANNI Sortiment eine wahre Lust, denn es lässt kaum Wünsche offen. Wer wissen möchte, welche der runden Köstlichkeiten zu welchem Anlass passt, findet hier einen kleinen Wegweiser durch die Knödellandschaft.

## Roh, gekocht, halb und halb – alles aus Kartoffeln

Kloß ist nicht gleich Kloß, auch wenn alle aus Kartoffeln sind: Wichtig ist, was mit den Erdäpfeln bei der Verarbeitung passiert!
Werden sie gekocht, püriert und gewürzt, so erhält man gekochte Klöße mit zartem Kartoffelgeschmack. Rohe Klöße hingegen enthalten – wie es der Name schon sagt – roh geriebene Kartoffeln und haben einen kernigen, herzhaften Geschmack. Die Variante Knödel halb und halb bietet von beidem etwas: Für diese Spezialität wird ein Teil der Kartoffeln gekocht und der andere Teil roh gerieben, bevor sie gewürzt werden. Diese Knödel haben eine feine Struktur und einen ausgewogenen Kartoffelgeschmack.
Für den ganz besonderen Genuss gibt es außerdem die Sonntagsknödel, die mit knusprig gerösteten Weißbrotwürfeln gefüllt werden – eine feine Spezialität zum Sonntagsbraten! Besonders locker und dabei herzhaft deftig sind die Bayerischen Knödel.

## Spezialitäten jenseits vom Erdapfel

Der Knödelhimmel besteht nicht allein aus Kartoffelklößen. Ebenso beliebt und der Klassiker schlechthin ist der Kloß aus Brot – der Semmelknödel. Er ist die ideale Beilage zu Braten und Gerichten mit viel Soße wie beispielsweise Gulasch.
Mit Pilzen in Sahnesoße serviert, wird daraus eine typisch bayerische Spezialität.
Semmelknödel lassen sich besonders gut variieren, z. B. durch Zugabe von Räucherspeck. Der aus Tirol stammende Speckknödel, den es im praktischen Kochbeutel gibt, schmeckt hervorragend zu deftigen Gerichten wie Schweinebraten oder Sauerkraut.
Für die süße wie herzhafte Verwendung sind die Böhmischen Knödel ideal, die aus einem Hefeteig hergestellt werden: Die klassische Form ist ein länglicher Laib, der nach dem Garen in Scheiben geschnitten wird. Der Teig eignet sich auch für süße und für herzhafte Füllungen.

## Schnell und einfach für Naschkatzen

Für die Süßschnäbel unter den Knödelfans gibt es süße Knödel, die sowohl als Hauptgericht, Dessert oder einfach als Zwischenmahlzeit serviert werden können. Dazu gehören Hefeklöße, die sehr variierbar und gefüllt besonders bei den Kleinen ein Renner sind. Eine typisch österreichische Süßspeise ist der Quarkknödel, auch Topfenknödel genannt. Aus den locker-leichten Zutaten, die mit Quark angerührt werden, lässt sich im Nu ein leckeres Desert zaubern.
Feine Kartoffelknödel, gefüllt mit Zwetschgen oder Aprikosen, schmecken nicht nur im Sommer, sondern auch in der kalten Jahreszeit. Als Füllung eignen sich auch andere Früchte wie beispielsweise Kirschen.

#### Selbst formen oder aus dem Kochbeutel

Eine ganze Reihe der PFANNI Knödel und Klöße ist wahlweise als Mischung oder in Kochbeuteln erhältlich. Letzeres ist ideal für diejenigen, die es gern unkompliziert und schnell haben wollen. Einfach die gewünschte Anzahl der Knödel ins Wasser geben, nach Zubereitungsanleitung kochen und aus dem Kochbeutel nehmen – fertig. Dass in vielen der nachfolgenden Rezepte den losen Varianten der Vorzug gegeben wird, hat einen besonderen Grund: Der Knödelteig ist vielfältig wandelbar.

## Gewusst wie: Tipps und Tricks für die Küche

#### Fix gerollt – die Zubereitung

So geht das Rollen problemlos von der Hand: Hände während des Portionierens und Formens immer wieder mit kaltem Wasser anfeuchten. Sind die Hände schön kühl, umso besser, dann klebt nichts an.
Weicherer Kloßteig lässt sich auch ideal mit zwei Löffeln portionieren, so entstehen ovale Nocken: Zuerst die Löffel ins Kochwasser tauchen. Dann einen Löffel voll Teig abnehmen und am Schüsselrand abstreichen **(1)**. Mithilfe des zweiten Löffels den Teig zu einem ovalen Klößchen (Nocke) formen **(2)** und dieses in das kochende Wasser gleiten lassen **(3)**.
Für größere Nocken verwendet man Esslöffel, für kleinere Teelöffel.
Knödel gelingen am besten, wenn das Kochwasser noch einmal kurz aufkocht, nachdem die Knödel hineingegeben wurden. Danach darf es jedoch nicht mehr kochen, sondern nur leise sieden – sonst zerfallen sie! Dabei die Knödel ab und an im Wasser drehen.
Knödel und Klöße steigen beim Garen an die Oberfläche. Damit alle Klöße genug Platz haben, einen weiten Topf wählen oder zwei Töpfe parallel benutzen – je nach Menge.

### Was tun mit Resten?

Sind Knödel übrig geblieben? Kein Problem, hier drei Lösungen:

❍ Gegarte Knödel können tiefgefroren werden. Am besten einzeln auf einem Brett einfrieren und dann in einen Gefrierbeutel geben. Zum Auftauen einfach die gefrorenen Knödel in reichlich Salzwasser geben und bei leichtem Sieden etwa 25 Minuten ziehen lassen.

❍ Die gegarten und abgekühlten Knödel abgedeckt im Kühlschrank aufbewahren und später über heißem Wasserdampf wieder erwärmen – dafür eignet sich ein Topf mit Dampfeinsatz für Gemüse.

❍ Auch gebraten schmecken Knödel sehr gut: Die gegarten, erkalteten Knödel in etwa 1 cm dicke Scheiben schneiden und in heißem Butterschmalz oder Öl von beiden Seiten knusprig und goldgelb braten. Mit frischen Kräutern bestreut und einem Salat dazu wird daraus ein herzhaftes, kleines Gericht.

### Knödel füllen und verfeinern

Klöße und Knödel lassen sich auf vielfältige Weise abwandeln:

❍ Gefüllt sind Klöße und Knödel besonders gut. Herzhaft schmeckts mit gerösteten Weißbrotwürfeln – ausgesprochen raffiniert, wenn etwas Knoblauch mitgeröstet wird – sowie mit klein geschnittenem Schinken oder Kräutern.

❍ Der Kloßteig lässt sich auch nach Belieben variieren mit glasig gedünsteten Zwiebeln, angeröstetem Speck, fein gehackten Kräutern, Gewürzen oder klein gehackter Chilischote.

❍ Süße Klassiker sind Klöße mit Aprikosen- (Marillenknödel) oder Zwetschgenfüllung. Als Füllung eignen sich aber auch andere Früchte wie beispielsweise Kirschen. Wer auf besonders Süßes steht, kann auch einmal mit Schokoladenstückchen oder Marzipanrohmasse experimentieren. Geschmacklich abgerundet werden können die süßen Knödel außerdem noch mit abgeriebener Zitronenschale (unbehandelt), Kokosraspeln, geriebenen Mandeln, Vanilleessenz oder einem Schuss Likör.

# Hinweise zu den Rezepten

**Zubereitungszeit**
Hier steht die Zeit, die Sie benötigen, um das ganze Gericht zuzubereiten. Sollten dabei längere Zeitspannen auftreten, in denen Sie nichts zu tun haben, sind diese gesondert in Klammern, z. B. als Backzeit, aufgeführt.

**Kalorien- und Nährwertangaben**

Sie beziehen sich immer auf 1 Portion bzw. 1 Stück des Gerichts. Ist das Gericht nicht genau für eine Personenzahl definiert, so steht die für die Nährwertberechnung zugrunde gelegte Portionsanzahl in Klammern hinter den Nährwerten.

**Zutatenmengen**

Wenn nicht anders angegeben, gehen wir bei Obst und Gemüse von ungeputzter Rohware aus. Bei Stückangaben beziehen wir uns auf ein Stück mittlerer Größe.

**Backofentemperaturen**

Sie beziehen sich auf den Elektroherd mit Ober- und Unterhitze. Wenn Sie mit Umluft arbeiten, reduzieren Sie die angegebene Temperatur um 20 %. Die Backzeit bleibt gleich. Bei einem Gasherd orientieren Sie sich bitte an den Herstellerangaben.

**Abkürzungen**

Std. = Stunde(n)
Min. = Minute(n)
P. = Packung(en)
TL = Teelöffel
EL = Esslöffel
Msp. = Messerspitze
g = Gramm (1000 g = 1 kg)
kg = Kilogramm
ml = Milliliter (1000 ml = 1 l)
cl = Zentiliter
l = Liter
gestr. = gestrichen
getr. = getrocknet
TK-... = Tiefkühl-
ca. = circa
kcal = Kilokalorien
(oder einfach: Kalorien)
kJ = Kilojoule
E = Eiweiß
K = Kohlenhydrate
F = Fett
°C = Grad Celsius

...aber nun Schluss mit der Theorie und rein ins Kochvergnügen! Ob klassisch rund oder neues Styling, eher einfach oder raffiniert, lieber pikant oder süß ... die Entscheidung liegt bei Ihnen. Viel Spaß beim Knödeln!

# Rezepte

**Die runden Klassiker und neue raffinierte Ideen zum Verfeinern, Füllen und Formen**

# Kalbsbraten mit fruchtiger Soße

- ***festlich***
- ***einfach***

***Zubereitungszeit:***
*ca. 1 3/4 Std.*

***Zutaten für 6 Personen***
*800 g Kalbsbraten*
*100 g Speck*
*Salz*
*weißer Pfeffer*
*2 EL Pflanzenöl*
*500 ml Rinds-Kraftbouillon*
*100 g Backpflaumen*
*100 g Aprikosen, getrocknet*
*60 g Rosinen*
*60 g Mandelblättchen*
*1 P. Knödel halb und halb in Kochbeuteln (12 Stück)*
*5 EL süße Sahne*
*4–5 EL Fix-Soßenbinder, dunkel*

*kcal: 730 · kJ: 3060 ·*
*E: 35 g · K: 74 g · F: 31 g*

**1.** Kalbfleisch waschen, trockentupfen, in 2-cm-Abständen einschneiden. Zwischenräume mit Speck belegen und mit Salz und Pfeffer würzen. Braten mit Küchengarn quer und längs gut binden und danach in einem Schmortopf in heißem Öl von allen Seiten anbraten. Mit 250 ml Rinds-Kraftbouillon ablöschen. Etwa 1 Stunde mit geschlossenem Deckel bei schwacher Hitze schmoren lassen.

**2.** Anschließend die restliche Bouillon mit den gewaschenen Backpflaumen, Aprikosen und Rosinen zum Fleisch geben und alles etwa 30 Minuten schmoren lassen. Eventuell Bouillon nachgießen.

**3.** Inzwischen die Mandelblättchen in einer Pfanne ohne Fett anrösten. Knödel in einen Topf mit reichlich kaltem Salzwasser geben, aufkochen, 1 Minute kochen und 15 Minuten bei schwacher Hitze ziehen lassen.

**4.** Fleisch aus dem Topf nehmen, warm stellen und Sahne in den Bratenfond geben. Soßenbinder unter Rühren einstreuen, 1 Minute kochen lassen und mit Pfeffer und Salz abschmecken.

**5.** Knödel herausnehmen und kurz unter kaltem Wasser abschrecken. Kochbeutel an einem Ende aufreißen und die Knödel in den Mandelblättchen wälzen. Die Knödel mit dem Kalbsbraten und der Fruchtsoße servieren.

# Rouladen auf lombardische Art mit Kartoffelnocken

- ***einfach***
- ***festlich***

***Zubereitungszeit:***
*ca. 2 Std.*

***Zutaten für 4 Personen***
*8 kleine Rindsrouladen*
*Salz*
*weißer Pfeffer*
*Schale einer unbehandelten Zitrone*
*1–2 Knoblauchzehen*
*3–4 EL gehackte Petersilie*
*8 kleine Möhren*
*8 Scheiben roher Schinken*
*3–4 EL Pflanzenöl*
*1 Dose geschälte Tomaten (ca. 400 g)*
*125 ml trockener Weißwein*
*1 Lorbeerblatt*
*1/2 TL Thymian, gerebelt*
*1 Ei*
*1 P. Bayerische Knödel (8 Stück)*
*4–5 EL Fix-Soßenbinder, dunkel*
*3 EL süße Sahne*
*1 Prise Zucker*
*evtl. frisches Basilikum*

*kcal: 650 · kJ: 2715 ·*
*E: 52 g · K: 53 g · F: 23 g*

**1.** Fleisch waschen, trockentupfen, mit Salz und Pfeffer würzen. Zitronenschale, durchgepressten Knoblauch und Petersilie gut vermengen und auf das Fleisch streuen. Möhren putzen, waschen, auf Fleischbreite schneiden und in je 1 Schinkenscheibe einrollen. Dann jeweils 1 Roulade darumwickeln und mit einer Rouladennadel feststecken. Rouladen in heißem Öl von allen Seiten braun anbraten. Tomaten abgießen, mit einer Gabel zerdrücken und zusammen mit Weißwein, Lorbeerblatt und Thymian hinzufügen. Alles 1 1/4 – 1 1/2 Stunden schmoren. Rouladen herausnehmen.

**2.** Ei und Pfeffer in 500 ml kaltes Wasser geben. Knödelpulver mit dem Schneebesen einrühren und 10 Minuten quellen lassen. Aus dem Kartoffelteig mit 2 angefeuchteten Esslöffeln 16 Nocken abstechen und in reichlich kochendes Salzwasser legen. Bei schwacher Hitze 10 Minuten ziehen lassen.

**3.** Inzwischen Bratenfond mit Wasser zu 375 ml aufgießen und aufkochen. Fix-Soßenbinder unter Rühren einstreuen und 1 Minute kochen lassen. Die Soße mit Salz, Pfeffer, Sahne und Zucker abschmecken. Nach Belieben mit frisch gehacktem Basilikum verfeinern. Rouladen in der Soße wärmen. Die Kartoffelnocken zu den Rouladen servieren.

# Krautgulasch mit Speckknödel

- ***einfach***
- ***preiswert***

***Zubereitungszeit:***
*ca. 1 3/4 Std.*

***Zutaten für 3–4 Personen***
*1–2 Zwiebeln*
*2 gestr. TL Kümmel, ganz*
*500 g Rindergulasch*
*6 EL Pflanzenöl*
*Salz*
*schwarzer Pfeffer*
*2 gestr. TL Paprika, edelsüß*
*1 Msp. Paprika, scharf*
*3–4 EL Weinessig*
*350 ml trockener Weißwein*
*500 g geputztes Weißkraut*
*1 P. Speckknödel in Kochbeuteln (6 x 1)*
*6 EL süße Sahne*
*1–2 EL Feine Speisestärke*

*kcal: 890 · kJ: 3720 · E: 44 g · K: 50 g · F: 47 g (1 Portion von 3)*

**1.** Zwiebeln schälen und in grobe Würfel schneiden. Kümmel grob hacken. Fleisch waschen, trockentupfen, in heißem Öl von allen Seiten braun anbraten. Zwiebeln hinzufügen und anrösten. Mit Salz, Pfeffer, Kümmel, Paprika und Essig würzen. Mit 250 ml Weißwein aufgießen, aufkochen und etwa 30 Minuten schmoren.

**2.** Weißkraut fein hobeln, zum Fleisch geben und 1 Stunde (bei Bedarf länger) weiterschmoren. Restlichen Weißwein und 100 ml Wasser zugießen.

**3.** Knödel in einen Topf mit reichlich kaltem Salzwasser geben. 10 Minuten quellen lassen und gelegentlich umdrehen. Wasser mit Knödeln aufkochen, 1 Minute kochen und 10 Minuten bei schwacher Hitze ziehen lassen. Ab und zu umdrehen.

**4.** Sahne und Speisestärke verrühren, in das kochende Gulasch einrühren und 1 Minute kochen lassen. Knödel herausnehmen und kurz mit kaltem Wasser abschrecken. Kochbeutel an einem Ende aufreißen und die Knödel zum Gulasch servieren.

# Zarter Lammbraten mit Salbeiknödel

- ***festlich***
- ***einfach***

***Zubereitungszeit:***
*ca. 1½ Std.*

***Zutaten für 4–6 Personen***
*4 EL Olivenöl, kaltgepresst*
*1 Knoblauchzehe*
*1 TL Kräuter der Provençe*
*0,8–1 kg Lammrücken (ohne Knochen)*
*Salz*
*schwarzer Pfeffer*
*2 Tomaten*
*75 g Schafskäse*
*1 kleine rote Zwiebel*
*½ Bund glatte Petersilie*
*25 g Semmelbrösel*
*1 TL Thymian, gerebelt*
*1 Bund frischer Salbei*
*1 EL Butter*
*1 P. Knödel halb und halb (8 Stück)*

*kcal: 810 · kJ: 3400 · E: 50 g · K: 46 g · F: 48 g (1 Portion von 4)*

**1.** Backofen auf 200 °C vorheizen. 2 EL Olivenöl in eine Schüssel geben. Die Knoblauchzehe schälen, pressen, mit Kräutern mischen und zum Öl geben. Lammrücken waschen, trockentupfen, salzen und pfeffern und mit der Marinade bestreichen. In eine ofenfeste Form legen und 10–15 Minuten im unteren Drittel des Backofens braten.

**2.** Inzwischen für die Kruste Tomaten einritzen, überbrühen und abziehen. Tomaten vierteln, entkernen und das Fruchtfleisch fein würfeln. Schafskäse reiben, Zwiebel schälen und fein hacken, Petersilie waschen, putzen und hacken. Alles mit Semmelbröseln, Tomatenstücken, 2 EL Öl und Thymian mischen, mit Salz und Pfeffer abschmecken. Kruste auf dem Lammrücken verteilen und etwas festdrücken. Das Fleisch bei 225 °C etwa 15–20 Minuten weiterbraten.

**3.** Salbeiblätter waschen, in kleine Streifen schneiden und in Butter anrösten. Salbei und 500 ml kaltes Wasser in eine Schüssel geben und die Knödelmischung mit dem Schneebesen einrühren. 10 Minuten quellen lassen und aus dem Kartoffelteig 8 Knödel formen. In reichlich kochendes Salzwasser geben und bei schwacher Hitze 20 Minuten ziehen lassen. Den Lammrücken mit den Salbeiknödeln servieren.

***TIPP***

**Dazu schmeckt Paprika-Zucchini-Gemüse. Für eine Soße etwas Rotwein zum entfetteten Bratensatz geben, einkochen lassen und würzen.**

# Gänsebraten mit Reibe-Klößen

- *festlich*
- *einfach*

***Zubereitungszeit:***
*ca. 3 Std.*

***Zutaten für 6 Personen***
*1 küchenfertige Gans (3 ½ – 4 kg)*
*Salz*
*weißer Pfeffer*
*3 TL Beifuß, ersatzweise Thymian*
*2 Äpfel*
*2 Schalotten*
*750 ml Hühner-Kraftbouillon*
*2 P. Rohe Reibe-Klöße in Kochbeuteln (6 x 1)*
*125 ml Rotwein*
*evtl. Fix-Soßenbinder, dunkel*

*kcal: 1090 · kJ: 4565 ·*
*E: 66 g · K: 51 g · F: 68 g*

**1.** Backofen auf 200 °C vorheizen. Gans waschen, trockentupfen, innen und außen mit Salz, Pfeffer und Beifuß einreiben. Äpfel waschen, schälen, entkernen und in Stücke oder Scheiben schneiden. Schalotten schälen und würfeln.

**2.** In einen Bräter 500 ml Bouillon gießen, Apfelstücke und Schalottenwürfel darin verteilen. Gans mit der Brustseite nach unten in den Bräter legen und etwa 2 ½ Stunden auf unterster Schiene des Backofens garen. Nach etwa 1 Stunde wenden. Mit einem Pinsel ab und zu etwas Bratfett über die Gans geben.

**3.** Inzwischen Klöße in einen Topf mit reichlich kaltem Salzwasser geben. Aufkochen, 1 Minute kochen und 15 Minuten ziehen lassen.

**4.** Gans aus dem Bräter nehmen und warm stellen. Für die Soße den Bratensatz entfetten und restliche Bouillon sowie Rotwein zugießen. Soße pürieren, evtl. binden und abschmecken.

**5.** Klöße aus dem Wasser nehmen, kurz abschrecken und Kochbeutel aufreißen. Mit Gänsefleisch und Soße servieren.

***TIPP***

**Eine klassische Beilage zu diesem Gericht ist Rotkohl.**

# Entenbrustfilet in Grappa-Trauben-Soße mit Haselnussknödel

- *festlich*
- *einfach*

***Zubereitungszeit:***
*ca. 1 ¼ Std.*

***Zutaten für 4 Personen***
*1 P. Sonntags-Knödel*
*100 g gehobelte Haselnüsse*
*Salz*
*300 g helle, kernlose Trauben*
*1 Glas eingelegter Kürbis (300 g)*
*1 Zwiebel, 4 EL Pflanzenöl*
*1 Glas Rotkohl (720 g)*
*2–3 Nelken, 1 Lorbeerblatt*
*1–2 EL rotes Johannisbeergelee*
*weißer Pfeffer*
*4 Entenbrustfilets (à 250 g)*
*60 g Bauchspeck*
*1 EL Zucker, 250 ml Rotwein*
*250 ml Hühner-Kraftbouillon*
*4–5 gestr. EL Fix-Soßenbinder, dunkel*
*3–4 EL Grappa*

*kcal: 1130 · kJ: 4740 ·*
*E: 64 g · K: 83 g · F: 54 g*

**1.** Knödelmischung in 500 ml Wasser einrühren, 10 Minuten quellen lassen. Nüsse in einer Pfanne ohne Fett rösten. Aus dem Teig 10–12 Knödel formen und in die Mitte je 3–4 Brotwürfel geben. Knödel in kochendes Salzwasser legen, 3 Minuten kochen und bei schwacher Hitze 10–15 Minuten ziehen lassen.

**2.** Backofen auf 180 °C vorheizen. Trauben waschen. Abgetropften Kürbis würfeln. Zwiebel schälen, fein würfeln und in einem Topf in 2 Esslöffel heißem Öl 2–3 Minuten dünsten. Rotkohl, Nelken und Lorbeerblatt zugeben und mit geschlossenem Deckel 10 Minuten garen. Kürbis die letzten 5 Minuten mitgaren. Mit Johannisbeergelee, Salz und Pfeffer abschmecken.

**3.** Filets waschen, trockentupfen, salzen, pfeffern und im heißen Bräter im restlichen Öl mit der Hautseite nach unten anbraten. Die Filets wenden und im Ofen in 12–15 Minuten fertig garen. Fleisch aus dem Bräter nehmen und warm stellen.

**4.** Bratfett abgießen. Speck in Streifen schneiden, zugeben und knusprig braten. Zucker einstreuen und karamelisieren. Rotwein zugießen und etwas einkochen. Bouillon zugeben, aufkochen und mit Soßenbinder binden. Mit Grappa, Salz und Pfeffer abschmecken. Trauben in der Soße erhitzen. Knödel in Haselnüssen wälzen. Fleisch in Scheiben schneiden, Bratensaft zur Soße geben und mit Knödel servieren.

***TIPP***

**Das Fleisch bleibt schön saftig, wenn es nach dem Garen ruhen kann. Dazu die Brustfilets auf einem Teller bei 80 °C für 10 Minuten in den Ofen stellen. In der Zwischenzeit können Sie die Soße zubereiten.**

# Wildragout mit Preiselbeerknödel

- *festlich*
- *einfach*

***Zubereitungszeit:***
*ca 1¾ Std.*

***Zutaten für 3 Personen***
*100 g durchwachsener Speck*
*1 Zwiebel*
*2–3 EL Pflanzenöl*
*450 g Wildbret ohne Knochen oder Hirschgulasch*
*Salz*
*schwarzer Pfeffer*
*2 TL Senf*
*250 ml Rinds-Kraftbouillon*
*4 Wacholderbeeren*
*2 Thymianzweige*
*1 Lorbeerblatt*
*200 g Champignons*
*1 P. TK-Erbsen (300 g)*
*1 P. Knödel halb und halb (8 Stück)*
*50 g Wildpreiselbeeren (Glas)*
*3–4 gestr. EL Fix-Soßenbinder, dunkel*
*2–3 EL Rotwein*
*2–3 EL süße Sahne*

*kcal: 895 · kJ: 3765 · E: 46 g · K: 79 g · F: 43 g*

**1.** Speck würfeln. Zwiebel schälen und in Ringe schneiden. Beides in heißem Öl anrösten. Wildbret waschen, trockentupfen, in große Würfel schneiden, dazugeben und von allen Seiten gut anbraten. Mit Salz, Pfeffer und Senf würzen. Bouillon zugießen. Wacholderbeeren, Thymianzweige und Lorbeerblatt zugeben. Etwa 1½ Stunden bei schwacher Hitze garen.

**2.** Champignons putzen, würfeln und 20 Minuten vor Ende der Garzeit zugeben. Erbsen antauen lassen und 10 Minuten vor Ende der Garzeit zum Ragout geben.

**3.** In der Zwischenzeit Knödelmischung mit dem Schneebesen in 500 ml Wasser einrühren und 10 Minuten quellen lassen. Aus dem Teig 8 Knödel formen und in die Mitte jeweils 1 Teelöffel Preiselbeeren geben. Knödel in reichlich kochendes Salzwasser geben und bei schwacher Hitze 20 Minuten ziehen lassen.

**4.** Thymianzweige und Lorbeerblatt aus dem Wildragout entfernen. Ragout mit Soßenbinder binden und mit Rotwein und Sahne abschmecken. Wildragout mit Knödel servieren.

***TIPP***

***Zu Wildgerichten passen folgende Gewürze und Kräuter ausgezeichnet: Bohnenkraut, Estragon, Gewürznelken, Koriander, Lorbeer, Petersilie, Rosmarin und Wacholder.***

# Zwetschgenklöße

- *preiswert*
- *schnell*

***Zubereitungszeit:***
*ca. 30 Min.*

***Zutaten für 4 Personen***
*1 P. Gekochte Klöße (8 Stück)*
*8 Zwetschgen*
*8 Stück Würfelzucker*
*Salz*
*60 g Semmelbrösel*
*40 g Butter oder Margarine*
*2 EL Zimt-Zucker-Gemisch*

*kcal: 390 · kJ: 1635 ·*
*E: 4 g · K: 71 g · F: 9 g*

**1.** Kloßmischung mit dem Schneebesen in 500 ml kaltes Wasser einrühren und 5 Minuten quellen lassen.

**2.** Zwetschgen waschen, entsteinen und in jede Zwetschge ein Stück Würfelzucker geben. Aus dem Kartoffelteig 8 Klöße formen und in die Mitte je eine Zwetschge geben. Klöße in reichlich leicht gesalzenes, kochendes Wasser legen und bei schwacher Hitze 20 Minuten ziehen lassen.

**3.** Semmelbrösel in heißer Butter oder Margarine goldgelb rösten. Zwetschgenklöße darin wenden. Zimt und Zucker darüber streuen und servieren.

***TIPP***

**Dazu schmeckt eine Vanillesoße (s. Seite 90).**

***VARIANTE***

***Marillenklöße***
**Füllen Sie die Klöße mit Marillen (Aprikosen) statt mit Zwetschgen.**

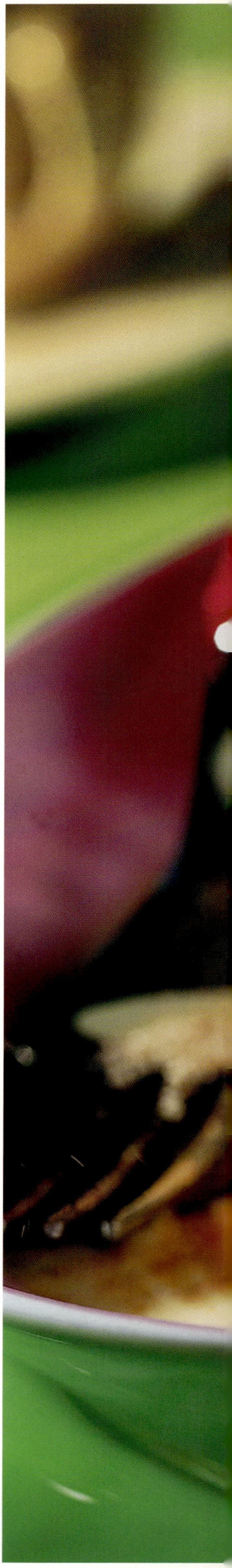

# Topfenklöße mit Erdbeer-Rhabarber-Soße

- *festlich*
- *einfach*

***Zubereitungszeit:***
*ca. 50 Min.*

***Zutaten für 4 Personen***
*80 g Rosinen*
*2 EL Rum*
*1 Bourbon-Vanilleschote*
*300 g Erdbeeren*
*300 g Rhabarber*
*250 ml Apfel- oder Kirschsaft*
*100 g Zucker*
*2 gestr. EL Feine Speisestärke*
*1–2 EL Zitronensaft*
*250 g Topfen (Quark)*
*1 Ei*
*1 TL Bourbon-Vanillezucker*
*abgeriebene Schale einer Zitrone*
*½ TL Zimt*
*1 P. Gekochte Klöße (8 Stück)*
*Salz*

*kcal: 500 · kJ: 2110 ·*
*E: 14 g · K: 98 g · F: 3 g*

**1.** Rosinen in Rum einweichen. Vanilleschote halbieren, Mark auskratzen und zur Seite stellen. Erdbeeren und Rhabarber waschen und putzen. Rhabarber schälen und in Stücke schneiden. Hälfte der Erdbeeren vierteln, die restlichen pürieren. 200 ml Apfel- oder Kirschsaft, 3 Esslöffel Zucker, Rhabarber und Vanilleschote zusammen aufkochen. Speisestärke in restlichem Saft anrühren, hinzufügen, kurz kochen lassen. Mit Zitronensaft abschmecken und erkalten lassen. Erdbeeren und Erdbeerpüree dazugeben.

**2.** Rosinen abtropfen lassen. Quark, Ei, restlichen Zucker, Vanillezucker und Zitronenschale schaumig rühren. Rosinen, Zimt und 500 ml Wasser dazugeben. Kloßmischung mit dem Schneebesen einrühren und 10 Minuten quellen lassen.

**3.** Aus dem Kartoffelteig ungefähr 25 kleine Klöße formen oder mit 2 feuchten Teelöffeln Nocken abstechen und in reichlich leicht gesalzenes, kochendes Wasser legen. Bei schwacher Hitze etwa 10–15 Minuten ziehen lassen. Kompott auf Tellern verteilen, die Topfenklöße darauf setzen und servieren.

***VARIATION***

*Pflaumen-Zimt-Kompott*

**1 Glas Pflaumen (400 g) abtropfen lassen, den Saft dabei auffangen. 5 EL Saft mit 1 EL Speisestärke anrühren. Restlichen Saft aufkochen, angerührte Stärke einrühren und kurz kochen lassen. Pflaumen dazugeben und mit 1 TL Zimt, 2 EL Amaretto und 1–2 TL Vanillezucker abschmecken.**

# Knödelburger auf Salat

- *für Kids*
- *Snack*

***Zubereitungszeit:***
*ca. 40 Min.*

***Zutaten für 3 Personen***
*1 P. Semmelknödel in Kochbeuteln (6 x 1)*
*Salz*
*5 Scheiben Emmentaler (ca. 100 g)*
*3 Scheiben roher Schinken (ca. 50 g)*
*150 g Lollo rosso*
*100 g Champignons*
*200 g Natur-Joghurt*
*5 EL süße Sahne oder Milch*
*3 EL Zitronensaft*
*2 EL gehackte Petersilie*
*weißer Pfeffer*
*½ TL Zucker*

*kcal: 525 · kJ: 2200 ·*
*E: 24 g · K: 48 g · F: 25 g*

***VARIANTE***

**Belegen Sie die Burger mit Salami statt mit Schinkenscheiben, oder vegetarisch mit einer dünnen Tomatenscheibe.**

**1.** Knödel in einen Topf mit reichlich kaltem Salzwasser geben. 10 Minuten quellen lassen und gelegentlich umdrehen. Aufkochen, 1 Minute kochen und 10 Minuten bei schwacher Hitze ziehen lassen. Ab und zu umdrehen. Knödel herausnehmen und kurz mit kaltem Wasser abschrecken.

**2.** In der Zwischenzeit Emmentaler- und Schinkenscheiben vierteln. Sechs Viertel Emmentaler zurückbehalten. Die restlichen Viertel in Streifen schneiden. Backofen auf 200 °C vorheizen. Lollo rosso putzen, waschen und in mundgerechte Stücke zupfen. Champignons putzen, waschen und in Scheiben schneiden.

**3.** Semmelknödel aus den Kochbeuteln nehmen und in je 3 Scheiben schneiden. Käse- und Schinken-Streifen auf die Knödelscheiben geben und – wie einen Burger – wieder aufeinander setzen. Auf jeden Knödel eine Scheibe Emmentaler legen. Im Backofen auf mittlerer Schiene 5–8 Minuten überbacken.

**4.** Joghurt mit Sahne, Zitronensaft und Petersilie mischen und mit Salz, Pfeffer und Zucker abschmecken. Salat und Champignons mit den Knödelburgern auf Tellern anrichten und mit Salatsoße beträufelt servieren.

# Semmelknödel auf Rucola mit Radieschen-Vinaigrette

- ***kalorienarm***
- ***schnell***

***Zubereitungszeit:***
*ca. 25 Min.*

***Zutaten für 3 Personen***
*1 P. Meine Semmel-Knödel (5–6 Stück)*
*2 TL fein geschnittener Schnittlauch*
*250 ml Milch*
*Salz*
*250 g Rucola (Rauke)*
*3 Radieschen*
*1 hart gekochtes Ei*
*5 EL Balsamico-Essig*
*5 EL Olivenöl, kaltgepresst*
*1 TL Zucker*
*weißer Pfeffer*

*kcal: 390 · kJ: 1660 ·*
*E: 9 g · K: 40 g · F: 21 g*

**1.** Knödelmischung und Schnittlauch in eine Schüssel geben und heiße (nicht kochende) Milch darüber gießen. Mit dem Rührlöffel gut durchmischen und 5 Minuten quellen lassen.

**2.** Noch einmal gut durchmischen und mit angefeuchteten Händen 6 Knödel formen. In reichlich kochendes Salzwasser legen und 10 Minuten bei schwacher Hitze ziehen lassen.

**3.** Rucola putzen, waschen, abtropfen lassen und evtl. einmal durchschneiden. Radieschen putzen und waschen. Ei schälen und mit den Radieschen fein würfeln. Balsamico, Olivenöl, Zucker, Salz und Pfeffer zu einer Soße verrühren.

**4.** Knödel in Scheiben schneiden und mit Rucola auf Tellern anrichten. Mit Salatsoße beträufeln und Radieschen- und Eiwürfel darüber verteilen.

***TIPP***

**Garnieren Sie den Salat mit Schnittlauchblüten, die nicht nur lecker, sondern auch nahrhaft sind. Am besten nehmen Sie welche aus dem eigenen Garten, da die vom Markt oft mit Pflanzenschutzmitteln behandelt sind.**

# Sesamwürfel auf Salat

- **kalorienarm**
- **Snack**

***Zubereitungszeit:***
*ca. 45 Min.*

***Zutaten für 4 Personen***
*1 P. Gekochte Klöße (8 Stück)*
*Salz*
*3 EL Sesam, geschält*
*5–6 EL Pflanzenöl*
*200 g Lollo biondo*
*1 Bund Basilikum*
*4 EL Tafelessig*
*2 TL Tomatenmark*
*weißer Pfeffer*
*1 Prise Zucker*

*kcal: 375 · kJ: 1580 ·*
*E: 5 g · K: 43 g · F: 20 g*

**1.** Kloßmischung mit dem Schneebesen in 500 ml kaltes Wasser rühren und 5 Minuten quellen lassen. Aus dem Kartoffelteig mit angefeuchteten Händen 8 Klöße formen. In reichlich kochendes Salzwasser legen und bei schwacher Hitze 20 Minuten ziehen lassen.

**2.** Klöße etwas abkühlen lassen, in Würfel schneiden und in Sesam wälzen. Andrücken und in 1–2 EL heißem Öl von beiden Seiten kurz braten.

**3.** Salat putzen, waschen, trockenschleudern und in mundgerechte Stücke zupfen. Basilikumblätter waschen und in Streifen schneiden.

**4.** Für die Soße 6 Esslöffel Wasser, das restliche Öl, Essig, Tomatenmark, Salz, Pfeffer und Zucker verrühren. Blattsalat und Sesamwürfel auf Tellern anrichten, die Salatsoße darüber träufeln und mit Basilikumstreifen bestreut servieren.

# Kerbelschaumsuppe mit Kartoffelnocken

- ***einfach***
- ***schnell***

***Zubereitungszeit:***
*ca. 35 Min.*

***Zutaten für 4 Personen***
*1 P. Gekochte Klöße (8 Stück)*
*etwas Muskatnuss, gemahlen*
*Salz*
*1 Bund Kerbel*
*30 g Butter*
*50 g Mehl*
*125 ml Weißwein*
*250 ml süße Sahne*
*1 TL Gemüse-Kraftbouillon*
*weißer Pfeffer*

*kcal: 480 · kJ: 2020 ·*
*E: 6 g · K: 52 g · F: 26 g*

**1.** Kloßmischung und Muskat mit dem Schneebesen in 500 ml kaltes Wasser rühren und 5 Minuten quellen lassen. Aus dem Teig mit 2 Esslöffeln etwa 20 Nocken abstechen. In reichlich kochendes Salzwasser legen und bei schwacher Hitze 10 Minuten ziehen lassen.

**2.** Kerbel waschen, trockentupfen, einige Blättchen zum Garnieren beiseite stellen, den Rest fein schneiden. Butter in einem Topf zerlassen, Mehl einrühren und 600 ml kaltes Wasser, Weißwein und Sahne dazugießen. Unter Rühren aufkochen und 1 Minute kochen lassen. Gemüse-Kraftbouillon einstreuen und mit Salz und Pfeffer abschmecken.

**3.** Kerbel in die Suppe geben, mit dem Pürierstab oder Schneebesen schaumig rühren. Suppe in tiefen Tellern anrichten, Nocken hineinlegen und mit Kerbelblättchen garniert servieren.

***VARIANTE***

**Statt Kerbel können Sie auch Petersilie verwenden.**

***TIPP***

**Wenn Sie Gäste haben, geben Sie zusätzlich einige Räucherlachsstreifen in die Suppe.**

# Gemüseeintopf mit Schnittlauchklößchen

- ***kalorienarm***
- ***preiswert***

***Zubereitungszeit:***
*ca. 40 Min.*

***Zutaten für 6 Personen***
*1 Bund Schnittlauch*
*1 Ei*
*1 P. Knödel halb und halb (8 Stück)*
*2 Zwiebeln*
*50 g Speck*
*½ Stange Lauch*
*2 kleine Möhren*
*300 g grüne Bohnen*
*500 g Brokkoli*
*2 EL Pflanzenöl*
*3–4 TL Rinds-Kraftboullion*

*kcal: 280 · kJ: 1175 · E: 8 g · K: 31 g · F: 14 g*

**1.** Schnittlauch waschen, trockentupfen und in Röllchen schneiden. Ei und Schnittlauchröllchen in einen Messbecher geben und mit Wasser zu 500 ml Flüssigkeit auffüllen. Knödelmischung mit dem Schneebesen einrühren und 10 Minuten quellen lassen.

**2.** Zwiebeln schälen und würfeln. Speck ebenfalls würfeln. Gemüse waschen und putzen. Lauch und Möhren in dünne Scheiben schneiden. Bohnen in Stücke schneiden. Brokkoli in Röschen teilen. In einem großen Topf in heißem Öl erst Zwiebeln und Speck anbraten, dann Gemüse zugeben und andünsten. 2 l Wasser zugießen und aufkochen. Die Bouillon zugeben und verrühren. Das Gemüse etwa 5 Minuten garen.

**3.** Mit 2 feuchten Esslöffeln Klößchen von der Kartoffelmasse abstechen, in die kochende Suppe geben und etwa 15 Minuten leicht köcheln lassen.

***TIPP***

**Vor dem Servieren geriebenen Parmesan über den Gemüseeintopf streuen.**

# Basilikumknödel mit Tomaten-Zucchini-Soße

- *einfach*
- *kalorienarm*

***Zubereitungszeit:***
*ca. 45 Min.*

***Zutaten für 3 Personen***
*1 Bund Basilikum*
*1 P. Knödel halb und halb (8 Stück)*
*Salz*
*2 Zwiebeln*
*1 Knoblauchzehe*
*300–400 g Zucchini*
*200 g braune Champignons*
*2 EL Olivenöl, kaltgepresst*
*1 Dose Tomaten in Stücken (425 g)*
*schwarzer Pfeffer*
*1 Prise Zucker*
*1 TL Rinds-Kraftboullion*

*kcal: 345 · kJ: 1445 ·*
*E: 9 g · K: 59 g · F: 8 g*

**1.** Basilikumblättchen waschen, fein hacken und in 500 ml kaltes Wasser geben. Knödelmischung mit dem Schneebesen einrühren und 10 Minuten quellen lassen.

**2.** Mit feuchten Händen 25 bis 30 walnussgroße Knödel formen, in kochendes Salzwasser geben und 5–10 Minuten bei schwacher Hitze ziehen lassen. Abgießen, abtropfen lassen und warm stellen.

**3.** Zwiebeln schälen und in Ringe schneiden. Knoblauchzehe schälen und zerdrücken. Zucchini putzen, waschen, halbieren und in Scheiben schneiden. Champignons putzen und in Scheiben schneiden. Zwiebeln und Knoblauch in heißem Olivenöl andünsten, Pilze, Zucchini und Tomatenstücke dazugeben. Mit Salz, Pfeffer, Zucker und Bouillon abschmecken.

**4.** Knödel und Soße auf Tellern anrichten. Nach Belieben mit frischen Kräutern bestreut servieren.

***VARIATION***

**Statt Basilikum können Sie auch 2 TL TK-Italienische Kräuter oder andere Kräuter unter die Knödel mischen.**

# Käseknödel

- *preiswert*
- *Snack*

***Zubereitungszeit:***
*ca. 30 Min.*

***Zutaten für 3 Personen***
*1 P. Meine Semmelknödel*
*(5–6 Stück)*
*100 g geriebener Käse*
*(z. B. Emmentaler oder Gruyère)*
*250 ml Milch*
*Salz*

*kcal: 375 · kJ: 1585 ·*
*E: 19 g · K: 41 g · F: 15 g*

**1.** Knödelmischung und geriebenen Käse in einer Schüssel vermengen. Milch erhitzen (nicht kochen) und darüber gießen. Mit dem Rührlöffel gut durchmischen und 5 Minuten quellen lassen.

**2.** Knödelteig noch einmal gut durchmischen. Mit feuchten Händen 5–6 Knödel formen. Anschließend Knödel in reichlich kochendes Salzwasser legen und 10 Minuten bei schwacher Hitze ziehen lassen.

**TIPP**

**Schmeckt lecker zu einem gemischten Salat.**

**VARIATION**

**Mischen Sie statt Käse 50 g geröstete, gehackte Mandeln oder Haselnüsse und 100 g Möhrenraspel unter den Knödelteig.**

# Shrimpsknödel in Safransoße

- **schnell**
- **festlich**

**Zubereitungszeit:**
*ca. 35 Min.*

**Zutaten für 4 Personen**
*1 Bund Dill*
*200 g Shrimps*
*Salz*
*weißer Pfeffer*
*1 P. Knödel halb und halb (8 Stück)*
*500 ml Gemüse-Kraftbouillon*
*5–6 EL Fix-Soßenbinder, hell*
*150 g Crème fraîche*
*1 Döschen Safran, gemahlen*
*1–2 EL Zitronensaft*
*30 g Butterstückchen*

*kcal: 425 · kJ: 1780 ·*
*E: 14 g · K: 49 g · F: 19 g*

**1.** Dill waschen , einige Dillzweige zum Garnieren beiseite legen, restlichen Dill fein schneiden. Abgetropfte Shrimps, Dill und je eine Prise Salz und Pfeffer in 500 ml kaltes Wasser geben. Knödelmischung mit dem Schneebesen einrühren und 10 Minuten quellen lassen.

**2.** Aus dem Teig mit angefeuchteten Händen 8 Knödel formen. Knödel in reichlich kochendes Salzwasser legen, kurz aufkochen und bei schwacher Hitze 20 Minuten ziehen lassen.

**3.** Inzwischen Gemüsebouillon aufkochen und mit Soßenbinder binden. Crème fraîche und Safran einrühren. Mit Zitronensaft und evtl. Salz und Pfeffer abschmecken. Kurz vor dem Servieren kalte Butterstückchen unter die Soße rühren, nicht mehr kochen lassen.
Die Shrimpsknödel mit der Safransoße auf Tellern anrichten und mit Dill garniert servieren.

***TIPP***

**Zu den Shrimpsknödeln schmeckt beispielsweise der Feldsalat von Seite 52.**

# Birnenklöße im Cornflakesmantel mit Schokosoße

- *preiswert*
- *einfach*

***Zubereitungszeit:***
*ca. 45 Min.*

***Zutaten für 4 Personen***
*1 kleine Dose Birnen (230 g)*
*2 gestr. TL Zucker*
*1 P. Gekochte Klöße (8 Stück)*
*Salz*
*100 ml süße Sahne*
*200 ml Milch*
*50 g Zartbitterschokolade*
*1 EL Kakao*
*1 P. Vanillezucker*
*1–2 TL Feine Speisestärke*
*2 cl Rum oder Wasser*
*50 g Cornflakes*

*kcal: 510 · kJ: 2130 ·*
*E: 7 g · K: 84 g ·*
*F: 14 g*

**1.** Birnen abtropfen lassen, Saft auffangen. 4 Birnenhälften zur Seite legen, restliche Früchte in kleine Würfel schneiden.

**2.** Birnensaft mit kaltem Wasser auf 400 ml auffüllen und mit Birnenwürfeln und Zucker in eine Schüssel geben. Kloßmischung mit dem Schneebesen einrühren und 5 Minuten quellen lassen. Aus dem Kartoffelteig mit angefeuchteten Händen 8 Klöße formen. Danach Klöße in reichlich kochendes, leicht gesalzenes Wasser geben und bei schwacher Hitze 20 Minuten ziehen lassen.

**3.** In der Zwischenzeit für die Schokoladensoße Sahne und Milch zum Kochen bringen. Die Schokolade in Stücke brechen, mit dem Kakao in die Sahne-Milch geben und unter Rühren darin schmelzen. Vanillezucker zugeben. Speisestärke mit Rum anrühren und in die kochende Sahne-Milch geben. Unter gelegentlichem Rühren aufkochen und 1 Minute kochen lassen.

**4.** Klöße aus dem Wasser nehmen und mit Hilfe zweier Esslöffel in zerkleinerten Cornflakes wälzen. Birnenhälften als Fächer aufschneiden, zusammen mit Klößen und Schokoladensoße auf Tellern anrichten und servieren.

***TIPP***

*Schokoladensoße für Kinder*
**100 ml süße Sahne und 200 ml Milch aufkochen, 2 EL Nuss-Nougat-Creme darin auflösen und mit 1–2 TL Speisestärke andicken.**

*Dekotipp*
**Behalten Sie etwas Sahne zurück, zum Schluss können Sie sie in Tropfen auf der Schokosoße verteilen und mit einem Holzstäbchen verziehen.**

# Mohnklöße mit Kirschsoße

- ***preiswert***
- ***festlich***

***Zubereitungszeit:***
*ca. 40 Min.*

***Zutaten für 4 Personen***
*1 P. Gekochte Klöße (8 Stück)*
*250 g Mohnback*
*Salz*
*1 Glas Schattenmorellen (350 g)*
*3 TL Feine Speisestärke*
*3 TL schwarzes Johannisbeergelee*
*2 EL Portwein*
*Puderzucker zum Bestäuben*

*kcal: 575 · kJ: 2410 ·*
*E: 8 g · K: 106 g · F: 11 g*

**1.** Kloßmischung mit dem Schneebesen in 400 ml kaltes Wasser einrühren. Mohnback unterkneten und 10 Minuten quellen lassen.

**2.** Aus dem Teig 12 Klöße formen, in reichlich leicht gesalzenes, kochendes Wasser geben und bei schwacher Hitze 20 Minuten ziehen lassen.

**3.** Schattenmorellen abgießen, Saft auffangen. 5 Esslöffel Kirschsaft mit der Speisestärke verrühren. Restlichen Saft zusammen mit Kirschen, Gelee und Portwein aufkochen. Stärkegemisch einrühren. Soße erneut aufkochen, dann abkühlen lassen.

**4.** Mohnknödel auf der Kirschsoße anrichten, mit etwas Puderzucker bestäuben und servieren.

# Kokosbällchen mit Himbeeren

- schnell
- festlich

***Zubereitungszeit:***
*ca. 30 Min.*

***Zutaten für 3 Personen***
*250 g Magerquark*
*1 Beutel Süße Schmankerln Quark-Knödel*
*100 g Kokosraspeln*
*Salz*
*250 g Himbeeren (frisch oder TK)*
*2–3 EL Puderzucker*
*1 Zweig Minze*

*kcal: 555 · kJ: 2315 · E: 19 g · K: 51 g · F: 30 g*

**1.** Quark, Beutelinhalt der Quark-Knödel und 2 EL Kokosraspel mit dem Rührlöffel gut vermischen, 2 Minuten quellen lassen. Aus dem Teig mit feuchten Händen etwa 9 kleine Knödel formen.

**2.** Alle Knödel gleichzeitig in einen weiten Topf mit reichlich kochendem, leicht gesalzenem Wasser geben und bei schwacher Hitze 8–10 Minuten ziehen lassen.

**3.** Von den frischen oder aufgetauten Himbeeren 150 g durch ein Sieb streichen, sodass die Kerne zurückbleiben. Himbeerpüree nach Geschmack mit Puderzucker süßen.

**4.** Knödel in den restlichen Kokosraspeln wenden. Kokosbällchen mit Himbeeren und Himbeerpüree anrichten, mit frischer Minze garniert servieren.

# Tomaten-Käse-Knödel auf Feldsalat

- *kalorienarm*
- *einfach*

***Zubereitungszeit:***
*ca. 35 Min.*

***Zutaten für 4 Personen***
*100 g geriebener Käse (z. B. Greyerzer)*
*1 P. Knödel halb und halb (8 Stück)*
*12 Kirschtomaten*
*Salz*
*3 EL Pinienkerne*
*150 g Feldsalat*
*6 EL Rotweinessig*
*5 EL Olivenöl, kaltgepresst*
*weißer Pfeffer*
*1 Prise Zucker*

*kcal: 460 · kJ: 1920 ·*
*E: 14 g · K: 42 g · F: 26 g*

**1.** Käse in 500 ml kaltes Wasser geben, Knödelmischung mit dem Schneebesen einrühren und 10 Minuten quellen lassen. Kirschtomaten waschen.

**2.** Aus dem Kartoffelteig mit angefeuchteten Händen 12 Knödel formen, dabei jeweils eine Kirschtomate in die Mitte geben. In reichlich kochendes, leicht gesalzenes Wasser legen und kurz aufkochen. Bei schwacher Hitze 20 Minuten ziehen lassen.

**3.** Pinienkerne in einer Pfanne ohne Fett rösten. Feldsalat putzen, waschen und mit Knödeln auf Tellern anrichten.

**4.** Essig, Öl, Salz, Pfeffer und Zucker zu einer Soße verrühren und über den Salat geben. Mit Pinienkernen bestreut servieren.

***TIPP***

**Statt der Pinienkerne können Sie für dieses Gericht auch Sonnenblumenkerne oder gehackte Haselnüsse verwenden.**

# Klöße mit Frischkäse und Paprikasoße

- ***kalorienarm***
- ***einfach***

***Zubereitungszeit:***
*ca. 1 Std.*

***Zutaten für 4 Personen***
*1 Frühlingszwiebel*
*50 g TK-Erbsen*
*½ Bund Petersilie*
*150 g Doppelrahmfrischkäse mit Kräutern*
*Salz*
*weißer Pfeffer*
*1 EL Zitronensaft*
*1 P. Gekochte Klöße (8 Stück)*
*3 rote Paprikaschoten*
*Pflanzenöl zum Braten*
*1 TL Gemüse-Kraftbouillon*
*je 1 Prise Cayennepfeffer, Curry, gemahlene Muskatnuss und Zucker*

*kcal: 405 · kJ: 1695 ·*
*E: 10 g · K: 55 g · F: 16 g*

**1.** Frühlingszwiebel putzen, waschen und in feine Ringe schneiden. Erbsen auftauen. Petersilie waschen, trockentupfen und hacken. Alles mit dem Frischkäse vermischen. Mit Salz, Pfeffer und Zitronensaft abschmecken.

**2.** Kloßmischung mit dem Schneebesen in 500 ml kaltes Wasser rühren und 5 Minuten quellen lassen. Aus dem Teig mit angefeuchteten Händen 8 Klöße formen und in die Mitte etwa 1 Esslöffel Frischkäsemasse geben. In reichlich kochendes Salzwasser legen und bei schwacher Hitze 20 Minuten ziehen lassen.

**3.** Paprikaschoten halbieren, entkernen, waschen und klein schneiden. Paprika in wenig Öl andünsten. 100 ml Wasser zugießen, Bouillon einstreuen und im geschlossenen Topf in etwa 15 Minuten weich kochen.

**4.** Paprikabrühe durch ein Sieb streichen, sodass die Paprikaschale entfernt wird. Soße mit Cayennepfeffer, Curry, Muskat und Zucker abschmecken und evtl. noch mit Salz und Pfeffer würzen. Die Paprikasoße zu den Frischkäse-Kräuter-Klößen servieren.

***VARIANTE***

*Spinatsoße*

**Pürieren Sie 100 g TK-Blattspinat und 1 Knoblauchzehe mit je 200 ml Wasser und Milch und 2 TL Gemüse-Kraftbouillon. Lassen Sie es aufkochen und binden Sie die Soße mit 3 EL Fix-Soßenbinder, dann mit Muskat und Pfeffer abschmecken.**

# Hackfleischknödel mit Kapernsoße

- *preiswert*
- *einfach*

***Zubereitungszeit:***
*ca. 50 Min.*

***Zutaten für 4 Personen***
*3 Zwiebeln*
*1 Bund Petersilie*
*1 rote Paprikaschote*
*3 EL Pflanzenöl*
*250 g Hackfleisch, halb und halb*
*Salz*
*weißer Pfeffer*
*½ TL Majoran, gerebelt*
*1 P. Knödel halb und halb (8 Stück)*
*1 Ei*
*1 EL Magerquark*
*1 EL eingelegte Kapern*
*400 ml Rinds-Kraftbouillon*
*125 ml süße Sahne*
*3 gestr. EL Fix-Soßenbinder, hell*
*2 EL Dijon-Senf*
*etwas Zitronensaft*

*kcal: 560 · kJ: 2335 ·*
*E: 20 g · K: 51 g · F: 30 g*

**1.** Zwiebeln schälen und würfeln. Petersilie waschen, trockentupfen und hacken. Paprikaschote halbieren, entkernen, waschen und klein schneiden. 2 Zwiebeln in 2 Esslöffel heißem Öl anbraten. Hackfleisch zugeben, anbraten, mit Salz, Pfeffer und Majoran würzen. Die Hälfte der Paprikastücke zugeben und mitdünsten. Zum Schluss Petersilie untermischen.

**2.** Knödelpulver mit dem Schneebesen in 500 ml kaltes Wasser einrühren und 10 Minuten quellen lassen. Ei und Quark unter die Hackfleischmasse rühren. Aus dem Knödelteig mit angefeuchteten Händen 8–10 Knödel formen und die Fleischmasse in die Mitte geben. Anschließend Knödel in reichlich kochendes Salzwasser legen und bei schwacher Hitze 20 Minuten ziehen lassen.

**3.** Kapern klein schneiden. Restliche Zwiebel in restlichem Öl andünsten. Bouillon und Sahne zugießen, aufkochen, Soßenbinder unter Rühren einstreuen und 1 Minute kochen lassen. Senf, Kapern und restliche Paprika dazugeben und mit Salz, Pfeffer und Zitronensaft pikant abschmecken. Knödel mit der Soße servieren.

***VARIANTE***

*Pilzsoße*
**Dünsten Sie 400 g Mischpilze in heißem Öl an und gießen Sie die Bouillon und süße Sahne wie oben zu. Die Soße mit Fix-Soßenbinder binden und dann mit Senf, Salz und Pfeffer würzen.**

# Deftige Sauerkrautknödel mit Speck-Zwiebel-Soße

- *einfach*
- *preiswert*

***Zubereitungszeit:***
*ca. 50 Min.*

***Zutaten für 4 Personen***
*1 kleine Dose Sauerkraut (285 g)*
*4–5 Zwiebeln*
*Pflanzenöl zum Braten*
*1 TL mittelscharfer Senf*
*1 Lorbeerblatt*
*2 Nelken*
*1 Wacholderbeere*
*Salz*
*weißer Pfeffer*
*etwas Zucker*
*1 P. Gekochte Klöße (8 Stück)*
*200 g durchwachsener Speck*
*250 ml Weißwein*
*150 ml süße Sahne*
*4 EL Fix-Soßenbinder, hell*
*etwas Majoran, gerebelt*

*kcal: 815 · kJ: 3430 ·*
*E: 8 g · K: 50 g · F: 60 g*

**1.** Abgetropftes Sauerkraut klein schneiden. Zwiebeln schälen. Eine Zwiebel fein würfeln und in etwas Öl andünsten. Sauerkraut, 50 ml Wasser, Senf, Lorbeerblatt, Nelken und Wacholderbeere dazugeben. Mit Salz, Pfeffer und Zucker würzen. Im geschlossenen Topf 20 Minuten garen. Gewürze herausnehmen.

**2.** Kloßmischung mit dem Schneebesen in 500 ml kaltes Wasser rühren und 5 Minuten quellen lassen. Aus dem Teig mit angefeuchteten Händen 8 Knödel formen und in die Mitte etwa 1 Esslöffel Sauerkraut geben. In reichlich kochendes Salzwasser legen und bei schwacher Hitze 20 Minuten ziehen lassen.

**3.** Speck in Streifen schneiden. Restliche Zwiebeln in Spalten schneiden. Speck in etwas Öl knusprig braten. Zwiebeln dazugeben und glasig dünsten. 250 ml Wasser, Weißwein und Sahne dazugießen, aufkochen und mit Soßenbinder binden. Mit Salz, Pfeffer und Majoran würzen. Die Knödel mit der Soße servieren.

***TIPP***

**Reichen Sie die Sauerkrautknödel als Hauptgericht oder als Beilage zu Bratwurst oder Kasseler.**

# Kaviarknödel mit Räucherlachs und frischer Kräutersoße

- *schnell*
- *festlich*

***Zubereitungszeit:***
*ca. 35 Min.*

***Zutaten für 4 Personen***
*1 P. Gekochte Klöße (8 Stück)*
*100 g Deutscher Kaviar (aus Seehasenrogen)*
*Salz*
*1 Bund Dill*
*1 Bund Schnittlauch*
*150 g Crème fraîche*
*150 g Joghurt*
*1–2 EL Zitronensaft*
*weißer Pfeffer*
*1 Prise Zucker*
*12 Scheiben Räucherlachs (ca. 400 g)*

*kcal: 470 · kJ: 1985 ·*
*E: 29 g · K: 44 g · F: 20 g*

**1.** Kloßmischung mit dem Schneebesen in 500 ml kaltes Wasser rühren und 5 Minuten quellen lassen. Aus dem Teig mit angefeuchteten Händen 8 Klöße formen und in die Mitte 1–2 Teelöffel Kaviar geben. In reichlich kochendes Salzwasser legen und bei schwacher Hitze 20 Minuten ziehen lassen.

**2.** Dill und Schnittlauch waschen, trockentupfen und fein schneiden. Mit Crème fraîche, Joghurt und Zitronensaft verrühren. Soße mit Salz, Pfeffer und Zucker würzen.

**3.** Die Kaviarknödel zusammen mit den Räucherlachsscheiben und der Kräutersoße auf Tellern anrichten und servieren.

***TIPP***

**Lässt sich gut vorbereiten, wenn Gäste kommen. Verteilen Sie die Soße schon auf Tellern und stellen Sie die gefüllten Knödel kalt. Sie müssen die Knödel dann nur noch garen und anrichten.**

# Leberklöße mit Apfel-Zwiebel-Soße

- ***kalorienarm***
- ***einfach***

***Zubereitungszeit:***
*ca. 40 Min.*

***Zutaten für 4 Personen***
*100 g Geflügelleber*
*50 g Speck*
*2–3 Zwiebeln*
*2 kleine Äpfel*
*5 EL Pflanzenöl*
*Salz*
*schwarzer Pfeffer*
*3 EL gehackte Petersilie*
*1 P. Gekochte Klöße (8 Stück)*
*375 ml Hühner-Kraftbouillon*
*5 EL Rotwein*
*2 EL Fix-Soßenbinder, dunkel*

*kcal: 475 · kJ: 1995 ·*
*E: 9 g · K: 52 g · F: 25 g*

**1.** Leber waschen, trockentupfen, in kleine Würfel schneiden, Speck würfeln. Zwiebeln schälen und in Ringe schneiden. Äpfel waschen, entkernen und in Spalten schneiden. Speckwürfel und einige Zwiebelringe in 2 Esslöffel heißem Öl dünsten. Leber zugeben und anbraten. Mit Salz, Pfeffer und 2 Esslöffeln Petersilie würzen.

**2.** Kloßmischung mit dem Schneebesen in 500 ml kaltes Wasser einrühren und 5 Minuten quellen lassen. Aus dem Kloßteig mit angefeuchteten Händen 8 Klöße formen und jeweils mit der Leber-Speck-Mischung füllen. Klöße in reichlich kochendes Salzwasser geben und bei schwacher Hitze 20 Minuten ziehen lassen.

**3.** In der Zwischenzeit Apfelspalten in 3 Esslöffel Wasser dünsten. Zwiebelringe im restlichen Öl goldbraun rösten, Bouillon und Rotwein zugeben, Soßenbinder einstreuen, aufkochen und 1 Minute kochen lassen. Anschließend Apfelspalten in der Soße erwärmen, mit der restlichen Petersilie bestreuen und zu den Klößen servieren.

***VARIANTE***

*Bratwurstklöße*
**Braten Sie 1 Bratwurst (200 g), schneiden Sie die Wurst in 8 Stücke und füllen Sie die Klöße damit.**

# Versteckte Cocktailwürstchen mit Tomatensoße

- ***für Kids***
- ***preiswert***

***Zubereitungszeit:***
*ca. 40 Min.*

***Zutaten für 3–4 Personen***
*1 Paprikaschote (rot oder grün)*
*1 Ei*
*1 P. Knödel halb und halb (8 Stück)*
*12 Cocktailwürstchen*
*Salz*
*1 Dose Tomaten in Stücken (250 g)*
*4 EL Gemüsemais (Dose)*
*2 EL Semmelbrösel*
*weißer Pfeffer*
*½ EL Pizzagewürz*
*2 EL Tomatenketchup*
*1 EL fein gehackte Petersilie*

*kcal: 295 · kJ: 1235 · E: 9 g · K: 50 g · F: 6 g (1 Portion von 4)*

**1.** Paprika halbieren, entkernen, waschen und in sehr kleine Stücke schneiden. Ei in einen Messbecher geben und mit Wasser auf 500 ml Flüssigkeit auffüllen. Knödelmischung und die Hälfte der Paprikawürfel mit dem Schneebesen einrühren, 10 Minuten quellen lassen.

**2.** Aus der Masse 12 Knödel formen und in die Mitte jeweils ein Cocktailwürstchen geben. Knödel in kochendes Salzwasser geben und etwa 20 Minuten bei schwacher Hitze ziehen lassen.

**3.** Tomatenstücke in einem Topf erhitzen. Mais und restliche Paprikawürfel zugeben. Semmelbrösel einrühren und die Soße mit Salz, Pfeffer, Pizzagewürz und Tomatenketchup abschmecken. Zum Schluss Petersilie untermischen. Knödel mit der Tomatensoße servieren.

***VARIANTE***

**Wenn Sie ein vegetarisches Gericht bevorzugen: Schneiden Sie 120 g Käse (z. B. Butterkäse) in 12 Würfel und füllen Sie die Klöße damit.**

# Partyspieße

- *Snack*
- *einfach*

***Zubereitungszeit:***
*ca. 45 Min.*

***Zutaten für 30–35 Stück***
*1 Bund Basilikum*
*1 P. Gekochte Klöße (8 Stück)*
*30–35 grüne Oliven mit Paprikafüllung*
*Salz*
*250 g Cocktailtomaten*
*200 g Schafskäse*

*kcal: 50 · kJ: 205 · E: 2 g · K: 6 g · F: 2 g (1 Stück von 30)*

**1.** Basilikumblättchen waschen, trockentupfen und fein hacken. Zusammen mit 500 ml kaltem Wasser in eine Schüssel geben. Kloßmischung mit dem Schneebesen einrühren und 5 Minuten quellen lassen.

**2.** Oliven abtropfen. Aus dem Kloßteig mit feuchten Händen etwa 30–35 kleine Klöße formen und jeweils eine Olive in die Mitte geben. Anschließend Olivenklöße in reichlich kochendes Salzwasser geben und bei schwacher Hitze 15 Minuten ziehen lassen.

**3.** In der Zwischenzeit Tomaten waschen und Schafskäse in Würfel schneiden. Klöße mit dem Schaumlöffel aus dem Wasser nehmen und etwas abkühlen lassen. Zuerst eine Cocktailtomate, dann ein Stück Schafskäse und zuletzt einen Olivenkloß auf einen Zahnstocher stecken.

***TIPP***

**Zu den Partyspießen passt die Burgersoße (Seite 30) oder auch der Tomatendip (Seite 88).**

# Schokoknödel mit Bananen in Orangensoße

- ***schnell***
- ***preiswert***

***Zubereitungszeit:***
*ca. 30 Min.*

***Zutaten für 4 Personen***
*1 P. Böhmische Knödel*
*etwas Weizenmehl*
*80 g Nuss-Nougat-Creme (12 TL)*
*Salz*
*2 Bananen*
*1 EL Butter*
*250 ml Orangensaft*
*1 EL Zucker*
*1 EL Feine Speisestärke*
*5 EL süße Sahne*
*evtl. 2 EL Grand Marnier (Orangenlikör)*

*kcal: 435 · kJ: 1815 · E: 10 g · K: 75 g · F: 9 g*

**1.** Knödelmischung mit den Knethaken des Handrührgerätes in 125 ml kaltes Wasser einrühren und zu einem glatten Teig verkneten.

**2.** Mit bemehlten Händen den Teig nochmals durchkneten und 12 Knödel formen. Dabei jeweils 1 Teelöffel Nuss-Nougat-Creme in die Mitte geben. Knödel in einen großen Topf in reichlich kochendes, leicht gesalzenes Wasser legen. Mit geschlossenem Deckel 15 Minuten leicht kochen lassen.

**3.** Bananen schälen, längs halbieren, jeweils in 3 Stücke teilen. Butter in einer Pfanne zerlassen, Bananen bei starker Hitze kurz anbraten, warm stellen. 200 ml Orangensaft mit Zucker und einer Prise Salz aufkochen. Speisestärke mit dem restlichen Orangensaft mischen, einrühren und kurz kochen lassen. Sahne und evtl. Orangenlikör zugeben und Bananenstücke darin erhitzen. Knödel mit der Soße servieren.

***TIPP***

**Geben Sie in jeden Kloß noch eine Mandel oder Haselnuss. Zum Verzieren ziehen Sie etwas Schale einer unbehandelten Orange in dünnen Streifen ab (geht am besten mit einem Zestenreißer) und verteilen Sie sie auf den Klößen.**

# Kartoffelbrot

- ***Snack***
- ***preiswert***

***Zubereitungszeit:***
*ca. 20 Min.*
*(plus ca. 30 Min. Ruhezeit und ca. 45 Min. Backzeit)*

***Zutaten für 1 Brot (25 Scheiben)***
*1 P. Rohe Klöße (8 Stück)*
*700 ml Milch*
*500 g Mehl*
*1 Ei*
*2 EL Pflanzenöl*
*2 TL Salz*
*3 TL Zucker*
*1 Würfel Hefe*

*kcal: 3360 · kJ: 14080 · E: 108 g · K: 572 g · F: 68 g (ganzes Brot)*

*kcal: 134 · kJ: 563 · E: 4 g · K: 23 g · F: 3 g (1 Scheibe von 25)*

**1.** Kloßmischung in eine Schüssel geben, mit kochend heißer Milch übergießen und gut verrühren. Etwas abkühlen lassen.

**2.** Mehl, Ei, Öl, Salz und Zucker in eine Rührschüssel geben, fein zerbröckelte Hefe und Kloßmasse gleichmäßig darüber verteilen. Alle Zutaten mit den Knethaken des Handrührgerätes zuerst auf niedrigster Stufe und dann auf höchster Stufe so lange verkneten, bis sich der Teig vom Schüsselrand löst.

**3.** Teig 30 Minuten gehen lassen. Backofen auf 225 °C vorheizen. Brot formen, auf ein mit Backpapier ausgelegtes Backblech geben und im Backofen auf mittlerer Schiene 45–50 Minuten backen.

***TIPP***

**Dazu schmeckt Tomaten- oder Schnittlauchbutter: Jeweils 125 g weiche Butter mit etwas Salz, Pfeffer und 2 EL Tomatenmark oder 1 Bund Schnittlauch, in feine Röllchen geschnitten, verrühren.**

# Schupfnudeln

- *preiswert*
- *für Kids*

***Zubereitungszeit:***
*ca. 35 Min.*

***Zutaten für 3 Personen***
*2 Eigelb*
*1 EL Butter*
*1 P. Gekochte Klöße (8 Stück)*
*4–5 EL Pflanzenöl*

*kcal: 450 · kJ: 1885 ·*
*E: 5 g · K: 54 g · E: 23 g*

**1.** Eigelb in einen Messbecher geben und mit 500 ml kaltem Wasser auffüllen.

**2.** Butter zerlassen. Kloßmischung mit dem Schneebesen einrühren, Butter zugeben und alles 5 Minuten quellen lassen.

**3.** Aus dem Teig eine Rolle von etwa 3 cm Durchmesser formen. Davon $^1/_2$ cm dicke Scheiben abschneiden und diese zu kleinfingerdicken Schupfnudeln formen, die an den Enden spitz zulaufen. Schupfnudeln in heißem Öl goldbraun braten.

### TIPP

**Schmeckt zu Kasseler und Sauerkraut oder als süßes Hauptgericht mit Zimt-Zucker und Apfelmus.**

### VARIATION

*Käse-Fingernudeln*

**Dazu 2 Zwiebeln in Ringe schneiden und in Butter anbräunen. Zusammen mit 50 g geriebenem Käse über die Schupfnudeln geben und 5 Minuten im Backofen bei 250 °C überbacken.**

# Pikanter Kartoffelschmarrn

- *einfach*
- *Snack*

***Zubereitungszeit:***
*ca. 40 Min.*

***Zutaten für 4 Personen***
*60 g gekochter Schinken*
*2 Frühlingszwiebeln*
*6 EL Pflanzenöl*
*1 Ei*
*1 P. Knödel halb und halb (8 Stück)*
*2 EL gehackte Kräuter (z. B. Schnittlauch)*

*kcal: 345 · kJ: 1450 ·*
*E: 8 g · K: 40 g · F: 17 g*

**1.** Schinken würfeln, Frühlingszwiebeln putzen, waschen und in Ringe schneiden. Beides in 2 Esslöffel Öl anbraten.

**2.** Ei in einen Messbecher geben und mit Wasser auf 500 ml Flüssigkeit auffüllen. Knödelmischung mit dem Schneebesen einrühren. Schinken und Frühlingszwiebeln zugeben und alles 10 Minuten quellen lassen.

**3.** In einer Pfanne 2 Esslöffel Öl erhitzen und die Hälfte des Teiges esslöffelweise in die Pfanne geben. Die Teigstücke von beiden Seiten knusprig braun braten. Mit der anderen Teighälfte genauso verfahren. Mit Kräutern bestreut servieren.

***TIPP***

**Statt Frühlingszwiebeln 100 g Champignonwürfel oder 50 g geriebenen Käse (z. B. Emmentaler) zugeben.**

- *einfach*
- *schnell*

# Gnocchi mit Basilikumpesto

***Zubereitungszeit:***
*ca. 30 Min.*

***Zutaten für 3 Personen***
*125 ml Milch*
*Salz*
*50 g Hartweizengrieß*
*1 P. Gekochte Klöße (8 Stück)*
*40 g Basilikumblätter*
*2 Knoblauchzehen*
*25 g Pinienkerne*
*50 g Parmesan am Stück*
*weißer Pfeffer*
*4 EL Olivenöl, kaltgepresst*

*kcal: 565 · kJ: 2360 ·*
*E: 14 g · K: 69 g · F: 25 g*

**1.** Milch und eine Prise Salz zum Kochen bringen, Grieß einrühren und ausquellen lassen. Kloßmischung mit dem Schneebesen in 250 ml kaltes Wasser einrühren und 5 Minuten quellen lassen.

**2.** Grieß und Kartoffelteig mit dem Handrührgerät gut verkneten. Nochmals mit den Händen durchkneten. Eine 2–3 cm dicke Rolle formen und in 1 cm dicke Scheiben schneiden. Diese mit einer Gabel etwas flach drücken, in reichlich leicht gesalzenes, kochendes Wasser legen und die Gnocchi darin 5–7 Minuten bei schwacher Hitze garen. Herausnehmen, abtropfen lassen und warm stellen.

**3.** Basilikumblätter waschen und trockentupfen. Knoblauchzehen schälen. Basilikum, Knoblauch, Pinienkerne, zerbröckelten Parmesan, Salz und Pfeffer im Blitzhacker oder Mixer zu einer Paste verarbeiten. Nach und nach Olivenöl darunter rühren. Pesto in einer Schüssel mit Gnocchi mischen und servieren. (auf dem Teller vorne)

***VARIANTE***

*Pilzsahne*

**Braten Sie 1 Zwiebel und 250 g Mischpilze an. Gießen Sie je 150 ml Milch und süße Sahne zu und binden Sie die Pilzsahne mit Fix-Soßenbinder. Würzen Sie mit Salz und Pfeffer und servieren Sie die Soße mit frischem Salbei garniert.**

# Gedünstetes Lachsfilet in Dillsahne mit Kartoffelnocken

- *schnell*
- *festlich*

***Zubereitungszeit:***
*ca. 40 Min.*

***Zutaten für 4 Personen***
*450 g TK-Blattspinat*
*1 P. Knödel halb und halb (8 Stück)*
*etwas Muskatnuss, gemahlen*
*2 EL Crème fraîche*
*Salz*
*2 Schalotten*
*40 g Butter*
*weißer Pfeffer*
*250 ml Weißwein*
*4 Lachsfilets (à 150 g)*
*200 ml süße Sahne*
*2–3 gestr. EL Fix-Soßenbinder, hell*
*1 Bund fein geschnittener Dill*

*kcal: 665 · kJ: 2785 · E: 38 g · K: 45 g · F: 31 g*

**1.** Blattspinat auftauen lassen. Knödelpulver, Muskatnuss und Crème fraîche mit dem Schneebesen in 500 ml Wasser einrühren und 10 Minuten quellen lassen. Aus dem Kartoffelteig mit 2 nassen Esslöffeln etwa 20 Nocken abstechen und in reichlich kochendes Salzwasser legen. Bei schwacher Hitze etwa 10 Minuten ziehen lassen.

**2.** Schalotten schälen und fein würfeln. In einem Topf die Hälfte der Schalottenwürfel mit 20 g Butter glasig dünsten. Blattspinat dazugeben und 5 Minuten dünsten. Mit Salz, Pfeffer und Muskat abschmecken.

**3.** Restliche Schalottenwürfel in einem flachen, weiten Topf in restlicher Butter glasig dünsten, Wein zugießen, mit Salz und Pfeffer würzen. Dann die Lachsfilets hineinlegen und zugedeckt bei schwacher Hitze 5–8 Minuten dünsten.

**4.** Lachs herausnehmen und abgedeckt warm stellen. Weinsud durch ein Haarsieb gießen und in einem Topf auffangen. Sahne dazugeben, aufkochen, mit Soßenbinder binden und Dill zufügen. Die Soße mit Salz und Pfeffer abschmecken. Lachs mit Dillsahne und Nocken auf Tellern anrichten und servieren.

***TIPP***

**Die Lachsfilets glänzen schön, wenn sie vor dem Servieren mit flüssiger Butter eingepinselt werden.**

# Putenragout mit Knödelkruste

- ***einfach***
- ***festlich***

***Zubereitungszeit:***
*ca. 30 Min.*
*(plus ca. 20 Min. Backzeit)*

***Zutaten für 3 Personen:***
*1 P. Knödel halb und halb in Kochbeuteln (6 x 1)*
*Salz*
*1 Zwiebel*
*150 g braune Champignons*
*200 g Austernpilze*
*400 g Putenbrustfilet*
*3 EL Pflanzenöl*
*weißer Pfeffer*
*150 ml süße Sahne*
*2–3 EL Fix-Soßenbinder, hell*
*etwas Zitronensaft*
*3 EL gehackte Petersilie*
*1 Eigelb*
*2 EL Milch*
*½ TL Paprika, edelsüß*
*30 g geriebener Käse (z. B. Emmentaler)*

*kcal: 695 · kJ: 2900 ·*
*E: 45 g · K: 53 g · F: 33 g*

**1.** Knödel in einen Topf mit reichlich kaltem Salzwasser geben. Wasser mit Knödeln aufkochen und 15 Minuten bei schwacher Hitze ziehen lassen. Knödel herausnehmen, kurz mit kaltem Wasser abschrecken und aus den Kochbeuteln nehmen.

**2.** Zwiebel schälen und hacken. Pilze putzen. Champignons vierteln, Austernpilze klein schneiden. Putenfleisch waschen, trockentupfen, in Würfel schneiden und in heißem Öl kräftig anbraten, mit Salz und Pfeffer würzen und herausnehmen.

**3.** Backofen auf 225 °C vorheizen. Zwiebel und Pilze in dem Bratfett unter Wenden 3 Minuten braten, mit Pfeffer bestreuen, 125 ml Wasser und Sahne dazugießen, aufkochen. Soßenbinder zugeben und 1 Minute kochen lassen. Fleisch wieder zugeben, mit Salz, Pfeffer und Zitronensaft abschmecken. 2 Esslöffel Petersilie unterheben.

**4.** Ragout in eine feuerfeste Form füllen. Knödel in dünne Scheiben schneiden und dachziegelartig darauf verteilen. Eigelb, Milch und Paprika verrühren, Knödelscheiben damit bestreichen und den Käse darüber streuen. Das Ragout im Backofen auf mittlerer Schiene etwa 20 Minuten überbacken. Vor dem Servieren mit restlicher Petersilie bestreuen.

- *einfach*
- *festlich*

# Spinatfladen mit Räucherlachs

***Zubereitungszeit:***
*ca. 40 Min.*

***Zutaten für 2–3 Personen***
*225 g TK-Blattspinat*
*2 Eier*
*1 P. Rohe Klöße (8 Stück)*
*2 EL Mandelblättchen*
*1 Zwiebel*
*1–2 EL Pflanzenöl*
*1 Knoblauchzehe*
*Salz*
*etwas Cayenne-Pfeffer*
*1 Becher Crème fraîche (150 g)*
*1 Packung Mozzarella (150 g)*
*150 g Räucherlachs*
*weißer Pfeffer*

*kcal: 730 · kJ: 3060 · E: 33 g · K: 56 g · F: 41 g (1 Portion von 3)*

**1.** Spinat auftauen. Eier in einen Messbecher aufschlagen und mit Wasser auf 250 ml Flüssigkeit auffüllen. Kloßmischung mit dem Schneebesen einrühren und 10 Minuten quellen lassen.

**2.** Backofen auf 200 °C vorheizen. Kartoffelteig zu einer Kugel formen und auf einem mit Backpapier ausgelegten Backblech zu einem Fladen von etwa 30 cm Durchmesser flach drücken. Mandeln auf dem Teig verteilen. Fladen im Backofen auf unterster Schiene etwa 10 Minuten vorbacken.

**3.** Inzwischen Zwiebel schälen, würfeln, in heißem Öl glasig dünsten, Knoblauchzehe schälen und dazu pressen. Spinat darunter heben und mit Salz und Cayenne-Pfeffer würzen.

**4.** Crème fraîche gleichmäßig auf dem Fladen verstreichen, Spinat darauf verteilen. Mozzarella in Scheiben schneiden und auf den Spinat legen. Fladen auf mittlerer Schiene 10 Minuten weiterbacken. Kartoffelfladen mit Lachsscheiben belegen, Pfeffer darüber mahlen und sofort servieren.

# Lauch-Speck-Kuchen

- ***schnell***
- ***Snack***

***Zubereitungszeit:***
*ca. 30 Min.*
*(plus ca. 35 Min. Backzeit)*

***Zutaten für 8 Stück***
*800 g Lauch*
*100 g durchwachsener Speck*
*1 EL Pflanzenöl*
*1 P. Böhmische Knödel*
*etwas Weizenmehl*
*3 Eier*
*200 ml süße Sahne*
*100 g geriebener Käse (z. B. Emmentaler)*
*Salz*
*weißer Pfeffer*
*etwas Muskatnuss, gemahlen*

*kcal: 350 · kJ: 1480 ·*
*E: 12 g · K: 20 g · F: 24 g*

**1.** Lauch putzen, waschen und in $^{1}/_{2}$ cm breite Stücke schneiden. Speck würfeln und im heißen Öl anrösten. Lauch dazugeben und bei schwacher Hitze 10 Minuten in der geschlossenen Pfanne dünsten, dann auf einem Sieb abtropfen lassen.

**2.** Backofen auf 200 °C vorheizen. Knödelmischung mit den Knethaken des Handrührgerätes in 125 ml kaltes Wasser einrühren und zu einem glatten Teig verkneten. Mit bemehlten Händen den Teig nochmals durchkneten und eine gefettete Springform (26 cm Durchmesser) gleichmäßig auslegen. Lauch-Speck-Masse auf dem Teig verteilen.

**3.** Eier, Sahne und Käse verrühren und mit Salz, Pfeffer und Muskat würzen. Anschließend Eier-Sahne gleichmäßig über die Lauchmasse gießen. Kuchen auf oberster Schiene im Backofen etwa 35 Minuten backen.

**VARIANTE**

***Zwiebelkuchen***
**Verwenden Sie statt Lauch 500 g klein gewürfelte Zwiebeln. Diese bei mittlerer Hitze glasig dünsten und auf dem Teig verteilen.**

# Lustige Kartoffelpizzas

- ***für Kids***
- ***kalorienarm***

***Zubereitungszeit:***
*ca. 30 Min.*
*(plus ca. 35 Min. Backzeit)*

***Zutaten für 6 Stück***
*1 Ei*
*1 P. Knödel halb und halb (8 Stück)*
*2 gestr. EL Feine Speisestärke*
*1/2 grüne Paprikaschote*
*1/2 rote Paprikaschote*
*1 Dose geschälte Tomaten in Stücken (ca. 250 g)*
*Salz*
*schwarzer Pfeffer*
*je 1/2 TL Thymian und Oregano, gerebelt*
*1 TL Zucker*
*30 g geriebener Emmentaler*
*12 kleine Scheiben Salami (Durchmesser 3–4 cm)*

*kcal: 205 · kJ: 855 ·*
*E: 7 g · K: 32 g · F: 5 g*

**1.** Ei in einen Messbecher geben und mit Wasser zu 450 ml Flüssigkeit auffüllen. Knödelmischung und Speisestärke mit dem Schneebesen einrühren und 10 Minuten quellen lassen.

**2.** Backofen auf 200 °C vorheizen. Paprikaschoten entkernen, waschen und in Streifen schneiden. Geschälte Tomaten abtropfen lassen, mit Salz, Pfeffer, Thymian, Oregano und Zucker würzen. Den Käse untermischen.

**3.** Aus dem Kartoffelteig mit angefeuchteten Händen 6 Kugeln formen und zu Fladen (ca. 12 cm Durchmesser) flach drücken. Auf ein mit Backpapier ausgelegtes Backblech legen.

**4.** Tomatenmasse auf den Teigfladen verteilen. Gesichter dekorieren. Dazu je zwei Salamischeiben als große Augen, zwei rote Paprikastreifen als Mund und grüne Streifen als Haare und Nase auf die Fladen legen.

**5.** Pizzas im Backofen auf mittlerer Schiene 30–35 Minuten knusprig backen und anschließend sofort servieren.

***VARIATION***

**Pizzas statt mit Tomaten, Paprika und Salami mit 100 g Crème fraîche bestreichen und mit 120 g Sauerkraut und 120 g Speckwürfeln belegen. Mit Pfeffer würzen.**

# Partystangen mit Tomatendip

- *einfach*
- *Snack*

***Zubereitungszeit:***
*ca. 45 Min.*
*(plus ca. 30 Min. Backzeit)*

***Zutaten für 60 Stück***
*50 g Butter*
*weißer Pfeffer*
*1 P. Rohe Klöße (8 Stück)*
*1 Ei*
*1 EL Mohn*
*1 EL Sesam*
*1 EL geriebener Käse*
*20 Basilikumblätter*
*200 g saure Sahne (10 % Fett)*
*3 EL Tomatenmark*
*1 TL Paprika, edelsüß*
*1/2 TL Cayenne-Pfeffer*
*1/2 TL Salz*
*1 gestr. TL Zucker*

*kcal: 25 · kJ: 110 ·*
*E: unter 1 g · K: 3 g · F: 1 g*

**1.** Butter zerlassen und in einen Messbecher geben. Mit kaltem Wasser auf 400 ml Flüssigkeit auffüllen. In eine Schüssel gießen und mit etwas Pfeffer würzen. Kloßmischung mit dem Schneebesen einrühren und 10 Minuten gehen lassen.

**2.** Backofen auf 200 °C vorheizen. Aus dem Teig 60 kleine Stäbchen von etwa 6 cm Länge und 1 cm Breite formen und auf ein mit Backpapier ausgelegtes Backblech legen. Ei verquirlen. Stäbchen mit einem Messer mehrmals einritzen, mit Ei bestreichen und mit Mohn, Sesam oder Käse bestreuen.

**3.** Im Backofen zuerst auf mittlerer Schiene etwa 20 Minuten backen und anschließend 5 bis 10 Minuten unter dem Grill bei 250 °C bräunen.

**4.** Für den Dip Basilikumblätter waschen und fein hacken. Saure Sahne in eine Schüssel geben und Basilikum, Tomatenmark, Paprika, Cayenne-Pfeffer, Salz und Zucker unterrühren. Zu den Partystangen servieren.

**VARIANTE**

*Kräuterquark zum Dippen*

**Hacken Sie je 1 Bund Schnittlauch, Dill und Petersilie. Dann verrühren Sie 250 g Magerquark mit 4 EL Öl und 1 EL Zitronensaft und mischen die Kräuter unter. Schmecken Sie den Quark mit Salz, Pfeffer und Zitronensaft ab.**

# Kleine Apfelstrudel mit Vanillesoße

- *für Kids*
- *Snack*

***Zubereitungszeit:***
*ca. 35 Min.*
*(plus ca. 25 Min. Backzeit)*

***Zutaten für 4 Personen***
*Für die Strudel:*
*2–3 säuerliche Äpfel (ca. 500 g)*
*50 g Rosinen*
*2 EL Zucker*
*1 Prise Salz*
*1 TL Zimt, gemahlen*
*1 Bourbon Vanilleschote*
*evtl. 2 TL Rum*
*2 EL Pflanzenöl*
*1 P. Böhmische Knödel*
*etwas Weizenmehl*
*20 g Butter zum Bestreichen*
*Puderzucker zum Bestreuen*

*Für die Vanillesoße:*
*1 gestr. EL Feine Speisestärke*
*1 Eigelb*
*375 ml Milch*
*2 EL Zucker*
*½ Bourbon-Vanilleschote*

*kcal: 530 · kJ: 2215 ·*
*E: 11 g · K: 77 g · F: 18 g*

**1.** Äpfel waschen, schälen, achteln, entkernen und in kleine Scheiben schneiden. Mit Rosinen, Zucker, Salz, Zimt und Mark der Vanilleschote vermischen. Nach Belieben Rum hinzufügen.

**2.** Backofen auf 225 °C vorheizen. Öl in einen Messbecher geben und mit kaltem Wasser auf 125 ml Flüssigkeit auffüllen. Knödelmischung mit den Knethaken des Handrührgerätes einrühren und zu einem glatten Teig verkneten. Mit bemehlten Händen den Teig nochmals durchkneten und in 4 gleich große Teile teilen. Jedes Teigstück ganz dünn ausrollen, je ein Viertel der Apfelmasse darauf verteilen und zu einem Strudel zusammenlegen.

**3.** Strudel mit der Naht nach unten auf ein mit Backpapier ausgelegtes Backblech legen und im Backofen auf mittlerer Schiene etwa 25 Minuten goldbraun backen. Die fertigen Strudel herausnehmen, sofort mit zerlassener Butter bestreichen und mit Puderzucker bestreuen.

**4.** Für die Vanillesoße Speisestärke und Eigelb in 2 EL kalter Milch anrühren. Die restliche Milch mit Zucker und dem ausgeschabten Vanillemark zum Kochen bringen. Die angerührte Speisestärke unter Rühren hineingießen, kurz weiterkochen, anschließend abkühlen lassen. Die Soße während des Erkaltens einige Male umrühren, damit sich keine Haut bildet. Strudel mit Soße servieren.

# Marzipan-Nuss-Schnecken mit Beerengrütze

- ***Snack***
- ***für Kids***

***Zubereitungszeit:***
*ca. 40 Min.*
*(plus ca. 40 Min. Backzeit)*

***Zutaten für 6 Personen***
*Für die Schnecken:*
*1 P. Gekochte Klöße (8 Stück)*
*1 EL Butter*
*100 g Marzipan-Rohmasse*
*50 g gehackte Haselnüsse*
*50 g gemahlene Mandeln*
*125 ml Milch*
*Fett für die Form*
*3 Eier*
*1 Becher saure Sahne (200 g)*
*abgeriebene Schale von*
*1/2 unbehandelten Zitrone*
*1 EL Zucker*
*1 Prise Salz*

*Für die Beerengrütze:*
*1 P. TK-Beerenmischung (300 g)*
*200 ml roter Traubensaft*
*2 gestr. EL Feine Speisestärke*
*1 EL Zucker*

*kcal: 535 · kJ: 2240 ·*
*E: 12 g · K: 56 g · F: 29 g*

**1.** Beerenmischung auftauen lassen. Kloßmischung mit der Butter in eine Schüssel geben. 500 ml sprudelnd kochendes Wasser darüber gießen und mit dem Schneebesen schnell verrühren. 10 Minuten quellen lassen.

**2.** Marzipan in sehr kleine Stücke schneiden. Mit Haselnüssen und Mandeln vermischen und mit kochender Milch übergießen. Nochmals vermischen.

**3.** Backofen auf 200 °C vorheizen. Kloßteig zu einem Viereck (ca. 30 x 30 cm) ausrollen. Nussmasse darauf verteilen. Teigplatte aufrollen und in etwa 3–4 cm breite Stücke schneiden. Stücke mit der Schnittfläche nach oben in eine gefettete Auflaufform geben.

**4.** Eier, saure Sahne, Zitronenschale, Zucker und Salz verquirlen und über die Schnecken gießen. Im Backofen auf mittlerer Schiene etwa 40 Minuten goldgelb backen.

**5.** Für die Beerengrütze 3 EL Traubensaft mit Speisestärke anrühren. Restlichen Saft aufkochen, angerührte Stärke einrühren und kurz kochen lassen. Beeren hinzufügen, darin erhitzen und mit Zucker süßen. Beerenkompott zu den Marzipan-Nuss-Schnecken servieren.

# Rezeptverzeichnis nach Rubriken

***festlich***



# Alphabetisches Rezeptverzeichnis

Im FALKEN Verlag sind zahlreiche Titel zum Thema „Essen und Trinken" erschienen. Bitte fragen Sie überall dort, wo es Bücher gibt.

Sie finden uns im Internet: **www.falken.de**

Dieses Buch wurde auf chlorfrei gebleichtem und säurefreiem Papier gedruckt.

Der Text dieses Buches entspricht den Regeln der neuen deutschen Rechtschreibung.

Über Anregungen und Fragen zu den Rezepten freuen wir uns:
Treffpunkt Küche
Postfach 2650
74016 Heilbronn
E-Mail: service@treffpunkt-kueche.de

ISBN 3 8068 7584 7



**Umschlaggestaltung:** Peter Udo Pinzer
**Titelbild:** Studio R. Schmitz, München
**Gestaltung:** Petra Becker
**Rezeptentwicklung:** Treffpunkt Küche, Heilbronn
**Lektorat:** Gisela Pohlkemper, Mainz
**Redaktion:** Elly Lämmlen
**Herstellung:** Petra Becker
**Rezeptfotos:** Studio R. Schmitz, München
**Weitere Fotos im Innenteil:** Bestfoods Markenartikel GmbH, Heilbronn; außer S. 1, 2, 3: R. Schmitz, München; S. 7: M. Brauner, Karlsruhe; S. 8 (unten): FALKEN Archiv, Niedernhausen

**Satz:** FALKEN Verlag, Niedernhausen/Ts.
**Druck:** Appl, Wemding

817 2635 4453 6271